www.ingramcontent.com/pod-product-compliance
Lightning Source LLC
LaVergne TN
LVHW010356070526
838199LV00065B/5844

شعلۂ گل

(ظریفانہ و طنزیہ کلام)

مقصد الہ آبادی

© Taemeer Publications LLC

Shola-e-Gul *(Humorous Poetry)*
by: Maqsad Allahabadi
Edition: November '2024
Publisher :
Taemeer Publications LLC (Michigan, USA / Hyderabad, India)

ISBN 978-93-6908-027-4
9 789369 080274

مصنف یا ناشر کی پیشگی اجازت کے بغیر اس کتاب کا کوئی بھی حصہ کسی بھی شکل میں بشمول ویب سائٹ پر اَپ لوڈنگ کے لیے استعمال نہ کیا جائے۔ نیز اس کتاب پر کسی بھی قسم کے تنازع کو نمٹانے کا اختیار صرف حیدرآباد (تلنگانہ) کی عدلیہ کو ہو گا۔

© تعمیر پبلی کیشنز

کتاب	:	**شعلۂ گل** (ظریفانہ مجموعہ کلام)
مصنف	:	**مقصد الہ آبادی**
صنف	:	شاعری (طنز و مزاح)
ناشر	:	تعمیر پبلی کیشنز (حیدرآباد، انڈیا)
سالِ اشاعت	:	۲۰۲۴ء
صفحات	:	۱۱۴
سرورق ڈیزائن	:	تعمیر ویب ڈیزائن

ترتیب

انتساب

میں اور میرا اندازِ فکر — ۹

نظمیں

پیش لفظ — ۱۵
طرحی مشاعرہ — ۱۶
غزل / ہزل — ۱۹
غزل کی ولادت — ۲۱
رہبرِ اصولِ رہبری — ۲۴
شکوہ جوابِ شکوہ — ۲۶
ثوابِ دارین — ۲۹
ایک تعارف — ۳۱
ابرِ ندامت — ۳۳
سسرالوں کے جزیرے — ۳۴
تقدیر — ۳۶
نیتا کی دُعا — ۳۹
پوسٹ مارٹم — ۴۱
اُمیدوارانِ الکشن سے — ۴۴
جدید فلسفۂ عشق — ۴۶
دردِ زہ — ۴۸
الہ آباد / جمشید پور — ۵۱
نغمۂ بیکاری — ۵۲
مجذوب کی بڑ — ۵۷
نسلِ نو کے پیشوا — ۶۰
شکایات — ۶۲

غزلیں

وہی ہے اندازِ سینہ کاوی ... — ۶۵
نظامِ جمہوریت میں اس کا ... — ۶۷
یہ قسمت کا کھیل کہوں میں ... — ۶۹
رکھ بھی تو چپ چاپ ملے جو ... — ۷۱

شعر کہنے کی تمنا ...	۷۳
اُن کو ہر مادّی طاقت ...	۷۴
کوئی کشمکش سا ان میں ...	۷۶
محفل میں آ کے حضرتِ واعظ ...	۷۸
اکارت تا دَمیں خود آ کے ...	۷۹
بیوی سے یہ بیزار ...	۸۱
گلستاں میں ہے ...	۸۲
نغمہ ہے نہ بے مثال ...	۸۴
نہیں ہے آپ کو پینا ...	۸۶
ناکام امیدیں ہیں ...	۸۷
بیڑی جلا کے آتشِ رخسار ...	۸۸
تیرے آگے چاند پرانا لگتا ہے ...	۹۱
تہمتیں ذلتیں ...	۹۳
عمر بھر مکھیہ دھارا	۹۵
ہولے ہولے وہ دل میں ...	۹۶

قطعات

گرانی اور محبت	۹۸
سورس نل عاشق	″
رومانس	۹۹
خدشات	″
لیکن	۱۰۰
ترمیمِ اصناف	″
ترنم	۱۰۱
آدابِ محفل	″
ذیابطیس	۱۰۲
فیشن	″
وضعداری	۱۰۳
تجارت / دیش بھگتی	″
ازالۂ غربت	۱۰۴
اردو کے محسن	″
اردو کے غم خوار	۱۰۵
مصلحت در مصلحت	″
نمائندگی	۱۰۶
سائنسی دور	″
مشاعرہ کا آرٹ	۱۰۷
جیب کترے کی فریاد	″
دفعہ ۱۰۹ ض.ف.	۱۰۸
صلائے عام	″
نمونۂ عمل	۱۰۹
مشورہ	″
شاعر	۱۱۰
جواب	″
ترغیبِ عمل	۱۱۱
طول عمرہ	″
گھراؤ	۱۱۲
ہڑتال	″

انتساب

اُن بہی خواہانِ اُردو کے نام

جو اپنی تمامتر کوششوں اور مصروفیات کے باوجود

عام انتخابات کے موقعہ پر

اُردو کو فراموش نہیں کر پاتے۔

اور

اُن حضرات کے نام بھی

جو مطالعہ کا ذوق رکھنے کے باوجود

اُردو کتابیں خرید کر پڑھنے سے معذور ہیں۔

دِلکشی ہوتی ہے یارو ربطِ باہم سے کچھ اور
کِھل رہا ہے شعلۂ گُل قربِ شبنم سے کچھ اور

میں اور میرا اندازِ فکر

۱۰؍جون ۱۹۴۰ء کو میری پیدائش ضلع سلطان پور کے قصبہ مسافر خانہ میں ہوئی۔ جہاں اُن دنوں میرے والد بشیر احمد صاحب (مرحوم) بحیثیت تھانہ انچارج تعنات تھے۔ میرا وطن موضع رسول آباد عرف کوٹھا ضلع الہ آباد ہے۔ الہ آباد یونیورسٹی سے ۱۹۵۸ء میں بی۔ اے پاس کیا۔ اگلے سال ایل۔ ایل۔ بی میں داخلہ لیا لیکن کچھ نامساعد حالات کی بنا پر سلسلۂ تعلیم منقطع کرنا پڑا۔ ۱۹۶۰ء میں پھر اُردو سے ایم۔ اے میں داخلہ لیا لیکن اسی سال لوگوں کی خوش قسمتی اور اپنی بدقسمتی سے مجھے مرکزی حکومت کی ایک ملازمت مل گئی اور میں آڈیٹر کی پوسٹ پر الہ آباد میں ہی ملازم ہو گیا۔ لیکن یہ ملازمت میری افتادِ طبع سے قطعی میل نہ کھاتی تھی۔ میرا ارادہ شروع سے ہی فوج میں جانے کا تھا اور اسی لئے میں نے ملیٹری سائنس کی تعلیم حاصل کی تھی۔ میں اپنے نصب العین کو حاصل نہ کر سکا۔ لیکن پولیس کی ملازمت کو میں نے بہر حال ضرب تقسیم کی ملازمت پر ترجیح دی۔ اور ۱۹۶۳ء میں سب انسپکٹر پولیس کی حیثیت سے منتخب کرئے جانے پر مرادآباد ٹریننگ کالج گیا اور ٹریننگ مکمل کرکے ۱۹۶۲ء میں کانپور تعنات ہوا۔ یہ بھی عجب اتفاق ہے کہ تھانہ مسافر خانہ ضلع سلطان پور جہاں میں پیدا ہوا تھا اور جہاں میرے والد ۱۹۴۰ء میں تھانہ انچارج تھے وہیں میں آخری بار بحیثیت تھانہ انچارج ۱۹۷۲ء میں تعنات ہوا اور وہیں سے ۱۹۷۷ء میں میرا پروموشن انسپکٹر کے عہدہ پر ہوا۔

میری شعر گوئی کی ابتدا بھی عام اردو شعرا کی طرح غزل گوئی سے ہوئی۔ بارہ تیرہ سال کی عمر سے شعر کہنا شروع کیا۔ شروع کی دو چار غزلیں میں نے اپنے ہی گاؤں کے عیش صاحب مرحوم کو

دکھلائیں جنھوں نے شعر کے حسن و قبح اور لوازمات شعری سے مجھے تھوڑی بہت واقفیت بہم پہنچائی لیکن بہت جلد یہ سلسلہ بھی منقطع ہوگیا۔ میں نے کبھی کسی سے باقاعدہ اصلاح شعر کیلئے رجوع نہیں کیا خود ہی اپنے کلام پر نظر ثانی کرتا رہا اور اپنی ہی فہم و تمیز کے مطابق اس میں وقتاً فوقتاً اصلاح کرتا رہا۔ پہلے کا بیشتر کلام میری خود کی بارہا کاٹ چھانٹ کی نذر ہوگیا۔ اقبالؔ، غالبؔ اور اکبرؔ (بحیثیت طنز و مزاح نگار) میرے پسندیدہ شاعر ہیں اور غزل میری محبوب ترین صنف ہے۔ میں غزل کی لطافت کو برقرار رکھتے ہوئے اس میں عصری اور آفاقی مضامین کو فن کارانہ طور پر نظم کرنے کا قائل ہوں۔ میں قطعی رجعت پرست نہیں ہوں لیکن بے ساختہ ترقی پسند بھی نہیں کہ غزلیں پتھراؤ کا سا منظر پیش کرنے لگیں۔ میں رندِ اوباش بھی نہیں اور زاہد خشک بھی نہیں۔ میں آج کی ہنگامہ خیز زندگی کا ایک عام انسان ہوں جو باوجود تمام تر دشواریوں اور پریشانیوں کے زندہ رہنے اور اپنے ماحول کو زندہ رکھنے کا حوصلہ رکھتا ہے۔ میرا عقیدہ ہے کہ تمام بنی نوع انسان بحیثیت انسان ہونے کے ایک ہی رشتہ سے منسلک ہیں۔ تمام روئے زمین یکساں عناصر کی حامل ہے۔ فخر و مباہات خواہ وہ اپنی ذات کے لیے ہو قوم کے لیے یا ملک کے لیے محض ایک ذہنی و جذباتی تعصب اور تنگ نظری کی دلیل ہے۔ انسان جس مخصوص ماحول میں پرورش پاتا ہے اور جو کمپلکسز اس کے نتیجے کے طور پر اس کی ذات میں پیدا ہوتے ہیں ان سے متاثر ہونا ایک فطری امر ہے۔ لیکن ایک عاقل و دانا شخص کے لئے ضروری ہے کہ وہ اپنے وجود کی اہمیت اور اس کے مقصد سے کبھی غافل نہ ہو۔ قدرت نے سے عقل و تمیز کے جس جوہر کے سبب دیگر مخلوقات پر فوقیت بخشی ہے اس کا تقاضہ ہے کہ وہ اپنے فکر و عمل سے ایک عظیم انسانی معاشرہ کی تعمیر و تشکیل میں اپنی تمام تر صلاحیتوں اور توانائیوں کو بروئے کار لائے۔ خدا ہرگز کسی مخصوص قوم کا خدا نہیں ہو سکتا کسی مخصوص خطۂ ارض کا خدا نہیں ہو سکتا، کسی مخصوص رنگ و نسل کا خدا نہیں ہو سکتا۔ ہم خواہ کسی بھی مذہب سے تعلق رکھتے ہوں جب ہم اپنے خدا کی عظیم بخششوں کو کسی خاص ملک و قوم کے لیے مخصوص سمجھتے ہیں تو

کیا خود اپنے معبود کی عظمت کو کم نہیں کر دیتے اس کی نوازشوں اور بخششوں کا مذاق نہیں اڑاتے میرا یقین ہے کہ جو شخص انسانی رشتوں کے تقدس کا خلوص دل سے قائل ہے وہ ایک مذہبی انسان ہوتے ہوئے بھی متعصب نہیں ہو سکتا۔ میں علمائے دین کی عزت و توقیر اسی طرح کرتا ہوں جیسے کسی سچے مسلمان کو کرنی چاہیئے لیکن اس مولوی پر انگشت نمائی کو قطعی گناہ نہیں سمجھتا جو قوم کو بیدار کرنے کی بجائے افیون کی گولیاں کھلاتا ہے۔ میں زائرین حرم پر صدق دل سے رشک کرتا ہوں لیکن ان حاجیوں کو اپنا ہدف بنانا کار ثواب سمجھتا ہوں جو اسمگلنگ کرتے ہیں اور زیارتِ حرم شریف کو کسبِ معاش کا بہانہ بناتے ہیں اور مسلمانوں کو بدنام کرتے ہیں۔

نام۔ خواہ وہ کسی انسان کا ہو کسی قوم کا یا کسی ملک کا، میں اسے ایک شناختی لیبل سے زیادہ اہمیت نہیں دیتا۔ یہی نا کہ اس نام کے طفیل میں وہ انسان وہ قوم یا وہ ملک پہچانا جاتا ہے۔ یہ ایک نشان ہے تاکہ ہم اور آپ ناموں کی اس بھیڑ میں کھو نہ جائیں۔ لیکن اس سے بڑھ کر اور بدقسمتی کیا ہوگی کہ ہم اور آپ اس نام کو اپنی ذات یعنی تمامتر اس انسان پر مسلط ہونے کی اجازت دے دیتے ہیں جو آپ کے اور ہمارے اندر موجود ہے۔ ناموں کی اسی اہمیت نے پوری نوعِ انسانی کو دست و گریباں کر رکھا ہے۔ قوموں کے مابین تفرقہ ڈال رکھا ہے اور ناموں کی یہی اہمیت انسان کی لاکھوں کروڑوں سال کی گرانمایہ کوششوں سے وضع کردہ انسانی قدروں کی پامالی کا سبب بنی ہوئی ہے۔ مصلح بنی نوعِ آدم خواہ وہ رام کے روپ میں ہو یا گوتم کی، موسیٰؑ کی شکل میں ہو یا عیسیٰؑ کی، محمدؐ کے بھیس میں ہو یا گرونانک کے، سرزمینِ عرب سے تعلق رکھتا ہو یا عجم سے آخر تو اسی دھرتی کی گود سے جنمے ہوئے انسان ہیں جنھیں ہم نے اور آپ نے اپنی سہولت کے لیے مختلف ناموں سے یاد کیا۔ ان کے اگر یہ نام نہ ہوتے تو بھی کیا ہم اُن کی عظیم انسانی خدمات کو نظر انداز کر سکتے تھے!

انسان کی سب سے مابہ الامتیاز، صفت اس کی انسان دوستی ہے۔ خواہ آپ اس کو کسی

بھی نام سے یاد کریں اس سے کچھ فرق نہیں پڑتا۔ فرق اس سے پڑتا ہے کہ اس کو قدرت نے جن عظیم صلاحیتوں کا مالک بنایا ہے (قوتِ تمیز، فہم و ادراک وغیرہ) اور جو مقصد اس کی تخلیق کا ہے (یعنی ان صلاحیتوں کا بروئے کار لانا) اس سے وہ کہاں تک عہدہ برآ ہوا ہے۔ کیا یہ بیش قیمت عطیۂ قدرت جسے ہم انسانی زندگی کہتے ہیں۔ اَن گنت حشرات الارض کی طرح ایک مقررہ مدت تک رینگ رینگ کر اور الٹی سیدھی سانسیں لے کر ضائع ہو جانے کے لیے ہے؟ افسوس صد افسوس کہ بیشتر نوعِ آدم نان و نفقہ کے جان کاہ تقاضوں سے گرانبار اور حالات و حادثاتِ زمانہ کا شکار اپنی صلاحیتوں کے صحیح مصرف سے عاجز اور جانوروں کی سی زندگی گزارنے پر مجبور ہے یہ نگار خانۂ قدرت جسے دنیا کہتے ہیں انسانی فہم و بصیرت جہد و عمل کی بہترین آزمائش گاہ ہے۔

شاعری قافیہ پیمائی کا نام نہیں اور اس لیے میں شاعر کو عوام سے کچھ مختلف تصور کرتا ہوں جیسا کہ میں اس سے پیشتر اپنے ایک مضمون میں لکھ چکا ہوں عوام پھول پر شبنم کے قطرے کو دیکھ کر محض اس کی دلکشی سے محظوظ ہوتے ہیں لیکن اسی منظر پر جب شاعر کی نظر پڑتی ہے تو نہ پھول پھول رہ جاتا ہے اور نہ شبنم شبنم، پھول کبھی خندۂ دلبر بنتا ہے۔ کبھی دامن صد چاک اور کبھی زخم ہائے دل، شبنم کبھی گریہ عاشق بنتی ہے کبھی اشک دمساز اور کبھی گوہر آبدار۔ وہ شاعر کیا جس کی انگلیاں نبضِ فطرت پر نہ ہوں، جس کی نظروں میں ہر ذرۂ کائنات متحرک نہ ہو اور جس کے سینے میں ہر مظلوم و مجبور انسان کا دل نہ دھڑکتا ہو۔ سرحد پار سے اُڑ کر آنے والی دھول جب ہمارے جنت نشاں ملک کی سرزمین کا ایک جزو بن جاتی ہے تو وہ ہمارے لیے اتنی محترم کیوں ہو جاتی ہے؟ کسی عبدالستار کا بیٹا عبداللہ اور ہری چرن کا لڑکا بھگوان داس کیوں ہوتا ہے؟ کسی مالدار نجیب الطرفین گھرانے میں پیدا ہونے کے طفیل میں کوئی قابل فخر اور کسی غریب ہریجن یا کوڑھے والی کی اولاد ہونے کی پاداش میں کوئی پیدائشی ذلیل و خوار کیوں ہوتا ہے؟!

ہم اگر سنجیدگی سے اور خلوص دل سے اس قسم کے تلخ سوالات پر غیر جانبدار ہوکر غور کریں اور بحیثیت شاعر عام انسانی ذہن کو اس طرف ملتفت کرنے کی کوشش کریں تو اس سے بہتر اور انسانی خدمت کیا ہوگی۔

میں اپنا سنجیدہ اور ظریفانہ دونوں کلام ایک ساتھ شائع کرانا چاہتا تھا لیکن کسی خاص مجبوری کی وجہ سے مجھے فی الحال صرف اپنے طنزیہ وظریفانہ کلام کی اشاعت پر ہی اکتفا کرنا پڑ رہا ہے۔ سنجیدہ کلام انشاء اللہ جلد ہی منظر عام پر آئے گا۔ اور اس میں آپ کو میرے اندازِ فکر کے مندرجہ بالا پہلو انتہائی سنجیدگی سے کارفرما نظر آئیں گے۔ طنز غالباً میری طبیعت کا سب سے غالب عنصر ہے جس کا اندازہ قارئینِ کرام کو اس مجموعہ کے مطالعے سے ہو جائیگا۔ طنز و مزاح کا چولی دامن کا ساتھ ہے۔ جو شخص طنزیہ و مزاحیہ شاعری کو آسان سمجھتا ہے میری رائے میں وہ طنز و مزاح کی نزاکتوں سے واقف نہیں۔ اس کا بھی الگ ایک مزاج ہوتا ہے۔ فحاشی، بیہودہ گفتاری اور لفظی شعبدہ بازی وغیرہ سے طنز و مزاح کی شاعری کا کوئی تعلق نہیں ہاں کچھ سطحی مذاق رکھنے والوں کے لئے ایسی شاعری عارضی تفریح کا ذریعہ ضرور بن جاتی ہے۔ شائستگی مجروح ہوگئی تو ادب کہاں رہا۔ اسی لئے میں طنزیہ و مزاحیہ شاعری کو باعتبارِ فن سنجیدہ شاعری سے بھی مشکل سمجھتا ہوں۔ میں اپنے اس حقیر ادبی سرمایہ پر نہ صرف قارئین کرام کی گراں قدر رائے معلوم کرنا چاہوں گا بلکہ ان کے مفید مشوروں کو اپنے لیے مشعلِ راہ بنانے کی بھی کوشش کروں گا۔

مقصد الہ آبادی

نظمیں

پیش لفظ

پڑھ کے رکھ دیں گے قارئینِ کرام
دس منٹ میں یہ دس برس کا کلام

اور ردّی میں بِک کے پھر یہ کتاب
پُڑیوں کے باندھنے میں آئے گی کام

یہاں لوگوں کا فارمولہ ہے
آم کے آم گٹھلیوں کے دَام

طرحی مُشاعِرہ

مختصر تاریخ اُردو غزل

مصرع طرح:

عِشق سے طبیعت نے زیست کا مزا پایا (غالب)

وَلی دکنی سے اب تک کے تقریباً ہر صاحب طرز غزل و ہزل نگار کا نمونہ کلام اُن کے مخصوص موضوعِ شعری و انداز بیان میں۔ سہولت کے لئے ہر شعر میں اُس شاعر کا تخلص موجود ہے جس کے انداز میں شعر کہنے کی کوشش کی گئی ہے۔

وَلی:
کب کسو مُسلماں کو بُت پہ یوں فدا پایا
کم ہی اے وَلی تجھ ساں ہم نے باخدا پایا

میر:
میر آپ جائے ہے اپنی جان سے ظالم
اُس غریب کا تو نے دِل دُکھا کے کیا پایا

شعلۂ گل (ظریفانہ مجموعہ کلام) 17 مقصد الہ آبادی

غالبؔ: رائگاں کب اے غالبؔ خونِ دل گیا اپنا
چہرۂ افق گلگوں ، دست پُرحنا پایا

مومنؔ: تم اگر مسلماں تھے واقعی تو اے مومنؔ
بتکدے میں کیوں ہم نے تم کو بارہا پایا

آتشؔ: ہائے وہ کمر اس کی اور وہ دہن آتشؔ
تھی تو کب بھلا دیکھی، تھا تو کب بھلا پایا

داغؔ: وہ تو خود ہتھیلی پر جان لے کے آیا تھا
تم نے داغؔ کا پیارے دل چُرا کے کیا پایا

اقبالؔ: وہ جنوں کہ دیتا ہے مرد کو خود آگاہی
ہم نے ہر گھڑی اقبالؔ اس کو رہنما پایا

چکبستؔ: محترم نہیں کوئی خاکِ ہند سے چکبستؔ
اس کے ذرّے ذرّے میں ہم نے دیوتا پایا

اکبرؔ: پراکسی ﴿۱﴾ بھی چلتی ہے شاعری میں اب اکبرؔ
آپ نے غزل لکھی ، میں نے مرتبہ پایا

﴿۱﴾ PROXY

فانی:
موت ہی تو تھی فانیؔ اک قرار کی صورت
اُس کو بھی نصیبوں نے وقت کا لکھا پایا

فراق:
اے فراقؔ شہرہ ہے تیرے علم و دانش کا
تُو نے منزلِ ہستی کا بھی کچھ پتہ پایا

فیض:
یہ تو فیضؔ مقتل پر چل کے فیصلہ ہوگا
کس نے جاں نثاری کا کتنا حوصلہ پایا

مقصد:
شاعروں میں بھی مقصدؔ ہو گئے ہیں اَب دُو گُٹ
کچھ کو شعر گو ہم نے کچھ کو شعر گا[1] پایا

---

[1] میری اختراع کردہ ترکیب

غزل/ہزل

صبح کے اُجالے میں رمزِ مہ لقا پایا
زلف بھی ملی نقلی. دانت بھی لگا پایا

مقتلِ محبت تک جا کے لوٹ آئے ہم
جان دینے والوں کو کیوؑ میں جب کھڑا پایا

بڑھ گئی ہے لائسنس، دیکھئے حسینوں کو
گھس گئے جہاں دل کا گیٹ کچھ کھلا پایا

حسن نے کیا درگت عشق کی، اگر اس کو
نون تیل لکڑی کے جال میں پھنسا پایا

کیا بتاؤں جانِ من، کیوں نہ لا سکا راشن
شکر ہے کہ جان اپنی میں بچا کے لا پایا

۱؎ قطار ۲؎ لاآنونیت

یہ سڑی ہوئی سبزی، یہ گھنا ہوا گیہوں
کھا رہے ہیں ہم جس کو جانور نہ کھا پایا

غالباً کسی نیتا کا ہی وہ رہا ہوگا
بال اس کی آنکھوں میں تم نے جو پڑا پایا

ساری قوم بھاگے ہے سوئے یورنل[3] مقصد
سلف[4] ہلپ کا قائل جب سے رہنما[5] پایا

---

[3] پیشاب گھر [4] اپنی مدد آپ
[5] ایک خاص رہنما کی طرف اشارہ ہے جو اب اقتدار میں نہیں ہے۔

غزل کی ولادت

چل رہی تھی فکرِ شاعر میں نسیمِ خوشگوار
گلشنِ قرطاس میں آنے کو تھی فصلِ بہار

آسماں کی رفعتوں سے چاند تارے توڑ کر
رکھ رہا تھا نوٹ بک میں خامۂ گردوں شکار

زلفِ شبگوں میں سمٹتی جا رہی تھی کہکشاں
پانی پانی ہو چلا تھا ماہ و انجم کا وقار

یوں نزولِ شعر کو بے چین تھی فکرِ جمیل
جیسے مجنوں اپنی لیلیٰ کے لئے ہو بے قرار

جیسے حوروں کی تمنا میں مشائخ سجدہ ریز
برہمن جیسے بتوں کے پائے نازک پر نثار

روٹیوں پر جس طرح تلاش بھوکوں کی نظر
پہلی تاریخوں کا جیسے بابوؤں کو انتظار

جیسے مولانا کا دل دھڑکے بیانِ حور پر
جیسے قلقل کی صدا پر مضطرب ہو بادہ خوار

جیسے بھوکی آتما کو اَن داتا کی تلاش
جیسے بیمارِ سیاست کو الکشن کا بخار

جیسے انٹرویو کو جائے بے وسیلہ کوئی شخص
جیسے کوئی بے سفارش ڈھونڈتا ہو روزگار

جیسے بیوہ کو نہ جینے دے سہاگن کا غرور
جیسے لائن حاضری میں دن گزارے تھانیدار

جیسے ناکارہ وزیروں کو جنونِ افتتاح
جیسے جنتا کے نمائندوں کو فکرِ اقتدار

جیسے کمسن حسن کی صحبت میں عشقِ کہنہ سال
درمیانِ عصر و مغرب جیسے کوئی روزہ دار

چہرے پر بنتے بگڑتے زاویوں کا سلسلہ
کر رہا تھا اس کی تکلیفِ دروں کو آشکار

دور اک موہوم نقطہ پر نگہ مَرکوز تھی
پُرشکن چہرہ تھا گہری فکر کا آئینہ دار

پھیرتا تھا منتشر بالوں میں اکثر انگلیاں
کرب کے عالم میں کروٹ لے رہا تھا بار بار

ہو رہی تھی غالباً پیدا کوئی تازہ غزل
دردِ زہ میں مبتلا تھا شاعرِ عالی وقار

رہبر اصولِ رہبری

اگر تمھیں شوقِ رہبری ہے تو دل چرانے کا آرٹ سیکھو
کسی بھی نیتائے مستند[1] سے فروغ پانے کا آرٹ سیکھو

یہ رہنمایانِ قوم کچھ یوں ہی آج مسند نشیں نہیں ہیں
تم اِن سے پبلک میں پہلے اپنی ایمج بنانے کا آرٹ سیکھو

تم ان سے سیکھو نمستے کرنے میں ہاتھ کس طرح جوڑتے ہیں
تم ان سے مالا پہن کے میٹنگ میں مسکرانے کا آرٹ سیکھو

تم ان سے سیکھو کہ شر پسندوں کی کیسے کرتے ہیں سرپرستی
تم ان سے لڑتے نہ ہوں کبھی جو انھیں لڑانے کا آرٹ سیکھو

تم ان سے سیکھو کہ بات کو واقعہ کا دیتے ہیں روپ کیسے
تم ان سے اک واقعہ کو اک حادثہ بنانے کا آرٹ سیکھو

---

[1] یہ ترکیب میری اختراع کردہ ہے۔

تم ان سے سیکھو غلط صحیح آنکڑے بتانے کا کیا ہنر ہے
تم ان سے اپنے حریف کی دھجیاں اُڑانے کا آرٹ سیکھو

تم ان سے سیکھو ہر اکثریت اور اقلیت کی قصیدہ خوانی
تم ان سے ہر مصلحت کے آگے جبیں جھکانے کا آرٹ سیکھو

تم ان سے سیکھو اصول جمہوریت کے کتنے فلکزیبل[1] ہیں
تم ان سے اس پارٹی سے اس پارٹی میں جانے کا آرٹ سیکھو

تم ان سے سیکھو کہ مینفسٹو[2] میں لائی جاتی ہیں کیسی باتیں
تم ان سے کرسی کو پا کے وعدوں کو بھول جانے کا آرٹ سیکھو

تم ان سے سیکھو کہ روئے پبلک تو ساتھ میں کیسے رویا جائے
تم ان سے اَن پڑھ غریب جنتا کے ووٹ پانے کا آرٹ سیکھو

تم ان سے سیکھو یہ ساری باتیں اگر تمھیں شوقِ رہبری ہے
تو ان کا شاگرد بن کے خود کو گرو بنانے کا آرٹ سیکھو

---

1. لچکدار
2. منشور

شکوہ جواب شکوہ

(برائے تصویر)

اس نظم کا پس منظر یہ ہے کہ ایک محترمہ نے (جو اپنے حسن کے بارے میں سخت غلط فہمی کا شکار تھیں) ایک فوٹو گرافر سے اپنی تصویر کھنچوائی۔ جب تصویر لینے پہونچیں تو اپنی تصویر دیکھ کر سخت برہم ہوئیں کہ یہ میری تصویر ہے ...؟ (یہ نظم دو ٹکڑوں میں ہے)

شکوہ

تصویر اپنی دیکھ کے بگڑیں وہ بے حساب
بولیں کہ فوٹو آپ نے کر دی مری خراب

غصے میں آگئیں وہ مصور کی جان کو
القصہ مختصر کہ بہت کھائیں پیچ و تاب

شامت زدہ تھا فرش مصیبت زدہ تھی میز
تھی ہاتھ میں لگام، نہ تھی پاؤں میں رکاب

نکلا کیا جو غیض کے عالم میں منھ سے جھاگ
بابِ دہن پہ بنتے بگڑتے رہے حباب

غازہ بھی بہہ چلا تھا پسینے کے ساتھ ساتھ
کھنڈرات ہو چلے تھے اجنتا کے بے نقاب

بدلیں وہ خوب یوپی وزارت کی طرح رنگ
دیکھا کئے ہم ان کا پگھلتا ہوا شباب

قدرت ستم ظریف، مصوّر ستم زدہ
کس کا گناہ اور گیا کس کے سر عذاب

جوابِ شکوہ

دیکھا گیا نہ مجھ سے مصوّر پہ یہ عتاب
میں نے کہا ادب سے کہ اے رشکِ ماہتاب

جو آپ نے کہا وہ یقیناً بجا کہا
اب جو کہوں میں اُس کو سنیں غور سے جناب

کچھ فنِ سرجری[1] میں مہارت نہیں اسے
فنِ مصوّری میں یقیناً ہے کامیاب

تسکین ہوتی آپ کے ذوقِ سلیم کی
گیندے کے پھول کو جو بنا دیتا یہ گلاب

خوش فہمی کا علاج بھی کیوں کر کرے کوئی
بیوٹی کوئن[2] ہی ہونے کے سب دیکھتی ہیں خواب

رکھی ہوئی ہیں میز پہ تصویریں بے شمار
اپنی لگے جو آپ کو کر لیجیے انتخاب

فوٹو کی گڑبڑی کا جہاں تک سوال ہے
آئینہ دیکھ لیجیے مل جائے گا جواب

---

[1] جرّاحی [2] Beauty Queen

ثوابِ دارین

ہوا جو منظورِ حق تو ہم بھی فریضۂ حج ادا کریں گے
وہاں سے لائیں گے ٹرانزسٹر بجا بجا کر سنا کریں گے

تبرکاً کچھ غلافِ کعبہ میں رکھ کے لایا کریں گے سونا
ثوابِ دارین جس سے حاصل ہو وہ عمل ہم کیا کریں گے

دیارِ مولیٰ سے بن کے تصویر نکلیں گے "عِزُّ مَن تَشَاءُ" کی
ہمارے ہاتھوں کا احترام سب آ کے بوسے لیا کریں گے

نکل بھی جائے گا جھوٹ منہ سے تو اسکو سچ کی سند ملے گی
ہوئی خیانت بھی ہم سے سرزد تو لوگ کہتے ڈرا کریں گے

نہ آنے پائے گی حتی الامکان "پائے ایماں" میں کوئی لغزش
بلا سے "نذرِ صنم رہے دل، زباں سے ذکرِ خدا کریں گے

جبیں پہ اپنی نشانِ سجدہ کریں گے پیدا رگڑ رگڑ کر
بپاسِ شیطاں عرق عرق ہو وہ پنجگانہ ادا کریں گے

خدا نے چاہا تو آئے دن دعوتوں پہ دعوت اُڑے گی مقصد
بچارے کچھ مرغِ بے زباں روز ہم پہ قرباں ہوا کریں گے

ایک تعارف

اِک بار مجھ کو ریل میں اک ہم سفر ملا
لگتا تھا وضع قطع سے اپنی ، پڑھا لکھا

پوچھا جو میں نے اسمِ مبارک جناب کا؟
پہلے تو سٹپٹائے، کہا پھر کہ "سُکریا"

میں نے کہا کہ آپ کا شُبھ نام چاہیئے
بولے کہ "کھاکسار کو کہتے ہیں مُرتجا".

یہ سن کے میں نے دل کو تسلّی سی دی کہ خیر
شُبھ نام تو ہے اسمِ مبارک نہیں تو کیا

اس میں بھی کچھ نہیں ہے تعجب کی ایسی بات
ہوتا ہے ہر ادب کا تلفّظ جدُا جدُا

ہاں اس کا غم ضرور ہے نسلِ جدید میں
شبُھ نام تک کسی کا سلامت نہ رہ سکا

مقصدؔ کوئی دن اور اگر جی گئے تو آپ
ہندی میں لکھ کے پڑھیے گا اردُو کا مرثیہ

ابرِ ندامت

وقت کی دھوپ کو برداشت سے باہر پاکر
میں نے سوچا ترے آنچل کا سہارا لے لوں
چھُپ کے جی لوں تری زلفوں کے گھنے سایے میں

اور یہ سوچ کے، دل میں یہ تمنا لے کر
تیرے پاس آیا تو بِل باٹ میں ملبوس تھی تو
اپنی زلفوں کو نئے ڈھب سے ترشوائے ہوئے

زلف کی چھاؤں، نہ آنچل کا سہارا پاکر
دل کچھ اس طرح ہوا شرم سے پانی پانی
وقت کی دھوپ تھی اور ابرِ ندامت کی پھوار

سرابوں کے جزیرے

یہ مچلتی ہوئی زلفیں، یہ تر و تازہ ہونٹ
یہ دمکتے ہوئے عارض، یہ گلابی چہرے
چلتے پھرتے یہ سرابوں کے جزیرے ہمدم

دیکھئے ان کو تو بس دیکھتے رہ جایئے آپ
اور اگر شومیِ قسمت سے گلے پڑ جائیں
تو بجز موت نہ رہ جائے کوئی راہِ فرار

دمِ بوسہ نہ اتر جائے لپ اسٹک کا غلاف
اور تو جن پہ فدا تھا وہ تر و تازہ ہونٹ
منتقل ہو کے ترے اپنے لبوں میں آ جائیں

یہ مچلتی ہوئی ریشم سی ملائم زلفیں
پیار کر ان سے مگر جوش کا اظہار نہ کر
کہ اُلجھ کر ترے ہاتھوں ہی میں لٹکی رہ جائیں

دیکھ اُڑ جائے نہ رخسار کے غازہ کا کَوَر
کہ الورا اور اَجنتا ہوں ترے پیشِ نظر
گویا تاریخ نے چہرے سے اُلٹ دی ہو نقاب

تقدیر

ایک کٹھ مُلّا کی نظر میں

قومِ مُسلم پَر تھا اک دن وَحیِ مُلّا کا نزول
فصلِ گُل لانے پہ آمادہ تھی اک شاخِ ببول

مستقِل ہیجان برپا تھا ڈکاروں کے سبب
کر رہا تھا مُرغ اپنے خون کی قیمت وصُول

پہلے تو معدے کی حدت کو کیا پانی سے سرد
پھر دیا ریشِ مبارک کو ذرا پنجے سے طول

یہ اشارہ تھا کہ اب وہ ہونے والے ہیں شروع
یوں کُھلا منقارِ گوہر بار کا بابِ نزول

---

۱ میری خود کی اختراع کردہ ترکیب

کُفر کا سَرمایہ دنیا ، اور دنیا کی بہار
دولتِ ایماں فقط ذکرِ خدا ، یادِ رسول

اُن کی اقلیمِ ہوس کی حد فصیلِ شرق و غرب
جن کی قسمت میں نہیں خلدِ بریں کا عرض و طول

نورِ ایماں سے جو سینے کل تلک معمور تھے
کر گئی ہے آج اُن میں روحِ شیطانی حلول

سچ تو یہ ہے عزّت و ذلّت خدا کے ہاتھ ہے
رزق دینا ہے اُسی کا کام یہ ہرگز نہ بھول

یاد کر اللہ کی وہ رحمتِ بے انتہا
قومِ موسیٰ پر من و سلویٰ کا ہوتا تھا نزول

جادۂ صبر و قناعت سے نہ کر تو انحراف
چند روزہ زندگی کی نعمتیں مت کر قبول

ہو چکا ہے تیرے حق میں وعدۂ حور و قصور
آ چکے ہیں باغِ جنّت میں ترے پھل اور پھول

بس وہی ہوتا ہے جو ہوتا ہے منظورِ خدا
آدمی مجبور ہے تدبیر ہے سعیِ فضول

اعتمادِ نفس استکبار ہے اے مومنو!
لعنتی جس سے ہوا شیطاں یہی تو تھی وہ بھول

یاد رکھو قوّتِ بازو پہ تکیہ شرک ہے
شرک۔ اسے لاحول پڑھ لاحول اے قومِ رسولؐ

نیتا کی دُعا

علامہ اقبالؔ کی نظم "بچے کی دُعا" پر تضمین اِس التزام کے ساتھ کہ پہلے سبھی مصرعے جوں کے توں ہیں اور قافیہ و ردیف بھی بدستور ہیں۔

لب پہ آتی ہے دُعا بن کے تمنا میری
زندگی کاش ہو نٹورؔ[1] کا نمونہ میری

دُور دنیا کا مرے دم سے اندھیرا ہو جائے
میں اگر شام کو کہہ دوں تو سویرا ہو جائے

زندگی ہو مری پروانے کی صورت یارب
کرسی کی شمع سے ہو مجھ کو محبت یارب

---

[1] نٹورلال ایک مشہور دھوکہ باز

ہو مرا کام غریبوں کی حمایت کرنا
اُن پہ، خود ان کی بھلائی میں حکومت کرنا

مرے اللہ برائی سے بچانا مجھ کو
بعد میں۔ پہلے الیکشن میں جِتانا مجھ کو

ہو مرے دم سے یونہی میرے وطن کی زینت
جس طرح توند سے ہوتی ہے بدن کی زینت

پوسٹ مارٹم

اِقبالؒ کے ڈُو شعروں کا

شارحینِ شعر سے معذرت کے ساتھ۔
ایک مشہور و معروف نیتا کے پسندیدہ مشروب کے جواز میں

ایک غوّاصِ معانی بھی شریکِ بزم تھا
حضرتِ اقبال جب فرما رہے تھے یہ سخن
"اپنے من میں ڈوب کر پا جا سراغِ زندگی
تو اگر میرا نہیں بنتا نہ بن اپنا تو بن"
گھر پہونچ کر اس نے یوں بخیہ اُدھیڑی شعر کی
اپنے من میں ڈوب کر پا جا سراغِ زندگی
لفظ "اپنے" سے ہے مطلب ایکس وائی زیڈ کوئی
"من" بمعنی جزوِ تن ایسا جو دکھلائی نہ دے
"ڈوب کر" کہنے سے مطلب مادہ سیّال ہے
آیئے اب دوسرے مصرع پہ ڈالیں اک نظر
"تو اگر میرا نہیں بنتا نہ بن اپنا تو بن"
یہ "نہیں بنتا نہ بن" اپنے میں خود اک راز ہے
ورنہ اس مصرع کو یوں بھی نظم کر سکتے تھے وہ
تجھ سے میں اتنا ہی کہتا ہوں کہ تو اپنا تو بن

پس "نہیں بنتا نہ بن" سے صاف ظاہر ہوگیا
یعنی وہ شے جس میں شاعر نے کہا ہے ڈوب جا
وہ کچھ ایسی چیز ہے دل جس پہ آمادہ نہیں
اور دنیا کی ملامت کا بھی ہے کچھ احتمال
اب یہ ٹکڑا دیکھئے "میرا نہ بن اپنا تو بن"
یعنی وہ شے مجھ میں بھی موجود ہے تجھ میں بھی ہے
تو اگر چاہے تو مجھ سے بھی اٹھا سکتا ہے فیض
لیکن اس میں غالباً تجھ کو کراہت ہو سوا
اس لئے تجھ کو رعایت دی گئی ہے اس قدر
"تو اگر میرا نہیں بنتا نہ بن اپنا تو بن"
صاف ہو جاتا ہے یہ مفہوم اگلے شعر سے
"پانی پانی کر گئی مجھ کو قلندر کی یہ بات
تو جھکا جب غیر کے آگے نہ تن تیرا نہ من"
"پانی پانی" کی یہاں تکرار بے معنی نہیں
اور یہ لفظِ قلندر بھی نہیں کچھ بے سبب
ورنہ اس مصرع کو یوں بھی نظم کر سکتے تھے وہ
کر گئی شرمندہ مجھ کو مَردِ دانا کی یہ بات
اس لئے اب آیئے کرتے ہیں اس مصرع پر غور
"پانی پانی کر گئی مجھ کو قلندر کی یہ بات"
پہلے پانی سے تو مطلب واقعی پانی سے ہے

یعنی جس پانی کو ہم اور آپ پیتے ہیں سبھی
دوسرے پانی سے لیکن اور ہی مفہوم ہے
یعنی وہ پانی پہونچ کر پیٹ میں بنتا ہے جو
مادّہ سیّال بھی ہے اور وہ مکروہ بھی
جس کو کوئی ہوش مند انسان چھو سکتا نہیں
ڈوب سکتا ہے تو بس اس میں قلندر ہی کوئی
لفظ بے معنی ہے جس کے حق میں ہر اکراہِ قلب
وہ جو ہر حرفِ ملامت سے ہے یکسر بے نیاز
جس کی دنیا آپ اپنی ذات میں محدود ہے
غیر کے آگے جو پھیلاتا نہیں دستِ سوال
چوتھے مصرع میں نہ جھکنے کی بھی جو تلقین ہے
غور فرمائیں تو یہ نکتہ بھی ہے خاصا بلیغ،
یعنی وہ سیّال جس میں ڈوب جانے کی ہے شرط
اس میں ہرگز آپ پر جھکنے کی پابندی نہیں
تاہم اس نکتہ پہ تنبیہہِ مکرّر جانیے!
غیر کے آگے کبھی ہرگز نہیں، ہرگز نہیں
صرف تنہائی میں اس نسخے پہ کرنا ہے عمل

اپنے ہی سیّال سے بھر لے ایاغِ زندگی
نہ بجھے بجھتے دیے اُٹھے گا لَو چراغِ زندگی
اپنے من میں ڈوب کر پا جا سُراغِ زندگی

امیدوارانِ الکشن سے

پھر الکشن ہے پھر آتے جائیے
قوم کی بگڑی بناتے جائیے

پھر کھڑی ہے قوم بے حس تازہ دم
تیر دعدوں کے چلاتے جائیے

ہیں تو بس جنتا کے سیوک آپ ہیں
یہ یقیں اُن کو دلاتے جائیے

رو کے دم بھر اُن کے حالِ زار پر
مستقِل اُن کو رُلاتے جائیے

مصلحت کا یہ تقاضہ ہے کہ پھر
ناز ایک اک کے اُٹھاتے جائیے

دیکھنا بھی پاپ ہے جن کی طرف
اُن کو سینے سے لگاتے جائیے

غسل واجب جن کے چھو جانے سے ہے
ہاتھ اُن سے بھی ملاتے جائیے

حال پر ان کے ترس آئے نہ آئے
اپنا مستقبل بناتے جائیے

گوڈسے کی روح سینے میں لئے
گیت گاندھی جی کے گاتے جائیے

پھر الکشن ہے پھر آتے جائیے
قوم کی بگڑی بناتے جائیے

جدید فلسفۂ عشق

نہ جانے اب کسی کو دیکھ کر دل کیوں دھڑکتا ہے
کہ میں گنجا بھی ہوں، قلّاش بھی ہوں، سن رسیدہ بھی
خدا کے فضل سے بیوی بھی ہے موجود بچہ بھی

میں اکثر پوچھتا ہوں دل سے اپنے یہ بتا مجھ کو
جو اپنی دھڑکنوں کو تو نے اپنا حق بتایا ہے
تجھے یہ نکتۂ جمہوریت کس نے سکھایا ہے

مجھے معلوم ہے کچھ لوگ گنجے بھی ہیں عاشق بھی
مجھے معلوم ہے بوڑھے بھی اکثر پیار کرتے ہیں
مگر قلاش کب کرتے ہیں، ہاں زردار کرتے ہیں

نہ بیوی کوئی مجبوری، نہ بچّہ کوئی پابندی
کہ ہے پیسہ کو حاصل دین و دنیا کی رضامندی
مگر قلاش بندوں کی نہ یہ دنیا نہ وہ دنیا

دلِ ناداں فقط جذبات ہی سب کچھ نہیں ہوتے
تلاطم خیز احساسات ہی سب کچھ نہیں ہوتے
نہ ہو جب مال پاکٹ میں تو دل نذرِ بتاں کیوں ہو

گئے وہ دن کہ جب پیتی تھی دنیا چشمِ ساقی سے
کہ اب جو دام دے کر پی سکے پینا اسی کا ہے
"ہمارا آپ کا جینا نہیں، جینا اسی کا ہے"

مجھے معلوم ہے سب عاشقانِ ماسبق کیا تھے
کلکٹر تھے نہ ایس پی تھے، منسٹر تھے نہ نیتا تھے
سبھی میری طرح تھے بلکہ کچھ مجھ سے بھی گھٹیا تھے

مجھے معلوم ہے مجنوں سے لیلیٰ پیار کرتی تھی
مجھے معلوم ہے وامق سے عذرا پیار کرتی تھی
مگر یہ قصۂ پارینہ دہرانے سے کیا حاصل

یہ باتیں آج کی باتیں نہیں صدیوں پرانی ہیں
بدلتے وقت کے ہاتھوں مزاجِ زندگی بدلا
ادائے دلبری بدلی، مذاقِ عاشقی بدلا

یقیں آئے نہ آئے تجھ کو لیکن یہ حقیقت ہے
اگر اب جان بھی فرہاد اپنی دے کے دکھلادے
تو ناممکن ہے شیریں اب کسی خسرو کو ٹھکرادے

دردِ زہ

دردِ زہ سے نجات کی خاطر
عورتوں نے خدا سے کی فریاد

یاالٰہی یہ شوہرانِ جہاں
اِس مصیبت سے کیوں رہے آزاد

ہم تو مر کر بچیں تو ماں کہلائیں
یہ بنیں یونہی صاحبِ اولاد

سُن کے ربّ العلیٰ نے فرمایا
مصلحت سے ہے میری ہر ایجاد

ناقص العقل ہو۔ سمجھتی ہو
عدل کو ظلم، داد کو بے داد

خیر تم کو اگر ہے شکوہ تو
پوری کی جاتی ہے تمھاری مراد

اب یہ تکلیف ہو گی 'باپوں' کو
پھر نہ کرنا مگر کبھی فریاد

کچھ دنوں بعد ایک صاحب کے
گھر میں ہونے کو جب ہوئی اولاد

بیوی آرام سے تھی اپنی جگہ
اور میاں بھی تھے حسبِ سابق شاد

دفعتاً ان کے گھر کا اک نوکر
ہو گیا وقفِ نالہ و فریاد

محوِ حیرت تھے سارے ہمسائے
گویا غالبؔ کو دے رہے تھے داد

"یاالٰہی یہ ماجرا کیا ہے"
آخر اِس شخص کی خطا کیا ہے

الہ آباد/جمشید پور

ایک ہکلا تھا ۔ جسے جانا الہ آباد تھا
لکھنؤ میں وہ ٹکٹ کی لمبی کیو میں تھا کھڑا

دھکے کھاتے کھاتے ونڈو تک تو آپہنچا غریب
پر الہ آباد جب کہنا ہوا ہکلا گیا

وہ کبھی 'اِل اِل' کبھی 'ہا ہا' کبھی 'بابا' کہے
یہ ڈراما دیر تک کھڑکی پہ جب ہوتا رہا

سب کو عجلت تھی ٹکٹ لینے کی سب بے چین تھے
دیکھتے ہی دیکھتے ہنگامہ برپا ہوگیا

اس طرف پبلک کا غصہ اس طرف بابو کی ڈانٹ
یہ کہے 'ہٹتا نہیں کیوں' وہ کہے 'جلدی بتا'

بڑھ چلا حد سے سوا جب اس پہ دو طرفہ دباؤ
اس نے گھبرا کر ٹکٹ جمشید پور کا لے لیا

نغمۂ بیکاری

میر کی گریہ وزاری ہم
غالب کی خودداری ہم
ساحر کی بیزاری ہم
راشد[1] کے کردار ہیں ہم
مختصراً بے کار ہیں ہم

گھر والوں کی آس ہیں ہم
یعنی بی۔اے پاس ہیں ہم
لیکن کوڑا گھاس ہیں ہم
گھر والوں پر بار ہیں ہم
مختصراً بے کار ہیں ہم

کوئی افسر بن بیٹھا
کوئی لیڈر بن بیٹھا
کوئی منسٹر بن بیٹھا
اپنی جگہ اے یار ہیں ہم
مختصراً بے کار ہیں ہم

---

[1] علامہ راشد الخیری معتقدم

اُولے برسے آگ پڑے
وانٹ پڑھی اور بھاگ پڑے
شاید قسمت جاگ پڑے
ورنہ تو لاچار ہیں ہم
مختصراً بے کار ہیں ہم

انٹرویو کا غم تو نہیں
اتنی عنایت کم تو نہیں
بھائی بھتیجے ہم تو نہیں
تفریحاً درکار ہیں ہم
مختصراً بے کار ہیں ہم

کہتے ہیں اَن ٹرینڈ[1] ہیں ہم
واللہ کتنے گرینڈ[2] ہیں ہم
یعنی بیٹ اِن ہینڈ[3] ہیں ہم
قدرت کے شہکار ہیں ہم
مختصراً بے کار ہیں ہم

---

[1] غیر تربیت یافتہ

[2] شاندار

[3] کرکٹ کا وہ کھلاڑی جو آؤٹ ہوئے بغیر باعزت پویلین واپس لوٹا دیا جاتا ہے۔

امیدوں کا کورس[1] نہیں
اپنا کوئی فورس[2] نہیں
کیا کیجے جب سورس نہیں
یعنی خود مختار ہیں ہم
مختصراً بے کار ہیں ہم

کھاتے ہیں خوش ہو ہو کر
آلو، ستو، چنا، مٹر
یہ ہے اپنا لنچ و ڈنر
سرتا پا ایثار ہیں ہم
مختصراً بے کار ہیں ہم

نیتا کی تقریر ہیں ہم
خوابوں کی تعبیر ہیں ہم
بھارت کی تقدیر ہیں ہم
پھر بھی ذلیل و خوار ہیں ہم
مختصراً بے کار ہیں ہم

ہم جن کے موضوعِ سخن
کیا کہیے اُن کے بھاشن
اُن کی کرسی ان کا دھن
گویا آلۂ کار ہیں ہم
مختصراً بے کار ہیں ہم

---

[1] راستہ [2] زور

خود کو بھوکوں مرنے دیں
رگ رگ زہر اُترنے دیں
آپ جو کیجے کرنے دیں
بولیں تو غدّار ہیں ہم
مختصراً بے کار ہیں ہم

تم یہ فصاحت کیا سمجھو
طرزِ شکایت کیا سمجھو
طنز و ظرافت کیا سمجھو
نادانو فن کار ہیں ہم
مختصراً بے کار ہیں ہم

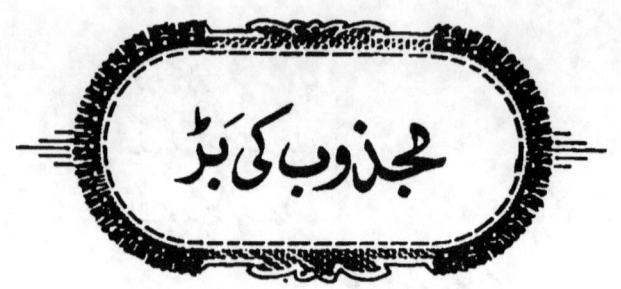

مجذوب کی بڑ

آج بے روزگاری کے اس دَور میں
قیمتیں روز یوں ہی بڑھاتے رہو
ہم غریبوں کے گھر منہدم ہوں تو ہوں
اَپنے ایوانِ عالی سجاتے رہو

تم ہو بیٹے بڑی ماں، بڑے باپ کے
مَوج اڑاؤ، چہ غم ہو کے کھاؤ پیو
جان دینی تھی جن کو وہ دے ہی گئے
تم تو جے جے سُنو اور جُگ جُگ جیو

قوم پر کیسی کیسی نہ بپتا[1] پڑی
تم مگر مستقل مسکراتے رہے
روز وعدوں کی دیتے رہے گولیاں
روز لیکچر پہ لیکچر پلاتے رہے

---

[1] آفت

ہم چھپاتے پھرے اپنے مریل بدن
عہد و پیماں کی چادر سے لپیٹے ہوئے
تم بھی ایسے مگر کب صحت مند تھے
تم ہمارا ہی غم تھے سمیٹے ہوئے

یہ تمھارا ہی دل جانتا ہے کہ تم
قوم کے غم میں کتنا پریشان ہو
تم کو بھی کچھ ضروری ہیں آسائشیں
کیوں نہیں؛ آخرش تم بھی انسان ہو

نِت[ٹ] نئے کر[ٹٹ] لگانا ضروری بھی ہے
مُلک کے نام پر تم کو دھن چاہیئے
بوجھ سے مر رہے ہیں تو مر جائیں ہم
ہم غریبوں میں حُبِّ وطن چاہیئے

تم کبھی روس میں ہو کبھی فرانس میں
قوم کے درد میں بھاگے پھرتے ہو تم
چین کا ایک لمحہ میسّر نہیں
ہائے جانِ وطن کتنے اچھے ہو تم

ٹ روز ٹٹ ٹیکس

شعلۂ گل (ظریفانہ مجموعہ کلام) 58 مقصد الہ آبادی

بھاشنوں سے ملے گا نہ تم کو سمے
اِفتتاحوں سے فرصت نہ پاؤ گے تم
ہاں مگر ہم غریبوں کی لینے خبر
آئے گا جب الکشن تب آؤ گے تم

کتنے مَر جاتے ہیں روز فٹ پاتھ پر
پوچھنے والا بھی جن کا کوئی نہیں
اور اگر تم کہیں مرنے لگ جاتے ہو
ہلنے لگ جاتے ہیں آسمان وزمیں

ڈائیلیسِس[1] پہ رکھتے ہیں سالوں تمھیں
وَاقعی کتنی مشکل سے مرتے ہو تم
ہم کو مَہوا کی لکڑی بھی ملتی نہیں
دیسی گھی اور صندل میں پھُنکتے ہو تم

جب کہیں کوئی تقریر کرتے ہو تم
کتنے ہی دل امیدوں سے بھر جاتے ہیں
اور اس خوش بیَانی، اِس اُمّید پر
جانے کتنے ہی انسان مر جَاتے ہیں

---

[1] ایک طریقۂ علاج جس میں مریضوں کو آلات کے ذریعہ زندہ رکھا جاتا ہے۔

ہم پہ وا ہیں ترقی کی راہیں سبھی
جب ہیں نااہل خود ہم تو تم کیا کرو
تم نے 'اپنوں' کی اتنی مدد کی مگر
اپنی قسمت ہے برہم تو تم کیا کرو

اِن سسکتی ہوئی نازنینوں کا۔ یا
ان بلکتے یتیموں کا غم مت کرو
ان تڑپتے ہوئے نوجوانوں کا۔ یا
اِن لبِ جاں ضعیفوں کا غم مت کرو

مر ہی جانے دو ان کو اگر مرتے ہیں
کیونکہ زندہ رہیں گے تو کھائیں گے یہ
اِن سسکتے ہوؤں کو کچلتے چلو
دل دکھائیں گے جب یاد آئیں گے یہ

تم ہو تعمیرِ نو کے عَلَم دار ہاں
تم کو لازم ہے سر کو اٹھا کے چلو
تم ہو آزاد بھارت کے روحِ رواں
ہم بھی دیکھیں ذرا مسکرا کے چلو

نسلِ نو کے پیشوا

کچھ ایسی وضع لڑکے آج کل اپنا کے چلتے ہیں
کہ اُن سے مرد و زن سب راستہ کترا کے چلتے ہیں

ہوا کے رُخ کا اندازہ لگا لو چال سے اِن کی
کہ یہ موجِ سبک سَر کی طرح لہرا کے چلتے ہیں

حریفِ صنفِ نازک ہیں یہ گاما عہدِ حاضر کے
کمر معدوم ہے کولھوں کے بل اٹھلا کے چلتے ہیں

سرِ رہ اک تماشہ ہے بتاشہ پھوڑ چال ان کی
کہ رستہ چلنے والے لوگ خود شرما کے چلتے ہیں

یہ کُرتا چھینٹ کا گویا ترقی کا لبادہ ہے
پہن کر جس کو یہ نازک بدن اترا کے چلتے ہیں

عقب سے جنس کا ان کے تعین سخت مشکل ہے
کچھ اِس انداز سے زلفوں کو یہ بکھرا کے چلتے ہیں

یہی تو نسلِ نو کے پیشوا ہیں آیئے مقصدؔ
دُعائے خیر ان کے حق میں ہم فرما کے چلتے ہیں

شکایت

محبت آج کی دنیا میں کس سے کون کرتا ہے
تجھے مجھ سے محبت میں کٹوتی کی شکایت ہے
یہ کیا کم ہے کہ مجھ کو اب بھی تجھ سے کچھ محبت ہے

ترقی کر کے دنیا عشق کی حد سے نکل آئی
کہاں تک متفق ہے مجھ سے تو میں کہہ نہیں سکتا
کہ عاشق آج کل کا صرف عاشق رہ نہیں سکتا

اسے شوہر بھی ہونے، باپ بھی بننے کی عادت ہے
بھلے ہی باپ بن کر اور شوہر ہو کے پچھتائے
محبت جب ہو بار آور گرانی جب ستم ڈھائے

نئے وقتوں میں چاہت کا نیا انداز ہے پیارے
کہ محبوبہ کو ہوٹل میں کوئی کھانا کھلا دے گا
زیادہ سے زیادہ اس کو اک پکچر دکھا دے گا

پھر اس کے بعد دونوں اپنا اپنا راستہ لیں گے
یہ او. کے. کہہ کے چل دے گا وہ ٹا. ٹا کہہ کے چل دے گی
نہ پھر یہ مڑ کے دیکھے گا نہ پھر وہ مڑ کے دیکھے گی

جدا ہوتے ہوئے دونوں کے ہونٹوں پر ہنسی ہوگی
جدائی میں نہیں ہوتی ہے اب رونے رلانے کی
محبت آج کل قائل نہیں آنسو بہانے کی

ہر اک شخص آج کی دنیا میں رکھتا ہے شیڈول[1] اپنا
محبت میں کوئی دن رات آہیں بھر نہیں سکتا
سپر عاشق بھی فل ٹائم محبت کر نہیں سکتا

---

[1] گوشوارہ

غزلیں

وہی ہے اندازِ سینہ کاوشی[1]، وہی ہے طرزِ جگر خراشی[2]
دلوں سے لیکن اٹھ چکے جو وہ مسئلے ہو گئے معاشی

سمے نے بدلی ہے ایسی کروٹ بدل گئے سارے دھام تیرتھ
وہ آج ہیں لکھنؤ و دلّی جو کل تھے پریاگ اور کاشی

ہے رشکِ جنت ہماری دنیا، یہ فیض میک اپ کا کم ہے یارو
کہ جیتے جی ہو کے رہ گیا ہے، تمام سنسار سورگباشی[3]

رئیس زادوں کو دیکھئے اب سڑک پہ رکشے گھسیٹتے ہیں
بطورِ انعام عیش کوشی، بشکلِ انجامِ یار باشی

سنا ہے اب کے وزیر جتنے ہیں سب فرشتوں کی نسل سے ہیں
نہ کوئی حاسد، نہ کوئی غاصب، نہ کوئی خائن، نہ کوئی راشی

---

[1] [2] میری اختراع کردہ ترکیبیں   [3] ضرورتِ شعری کی وجہ سے

میں اُن کی چشمِ کرم کا مقصد سمجھ نہ پایا جو کر رہی ہے
لگاؤ سے رحمتوں کی بارش، بناؤ سے کارِ برق پاشی

وہ دل چرائیں تو اک ادا ہے، میں مال ماروں تو اک خطا ہے
وہی کریں وہ تو کارِ حسنہ، وہی کروں میں تو بد معاشی

وہ لے کے گھومیں بغیر پرمٹ نگہ کے ناوک، مژہ کے خنجر
میں ساگ کٹنی چھری بھی رکھوں تو گھر میں ہو آئے دن تلاشی

بہار آئے نہ آئے مقصدؔ ہمیں نہیں کچھ ملال اس کا
رہے سلامت یہ گریۂ خوں کی غنچہ سازی و گُل تراشی

نظامِ جمہوریت میں اس کا مقام کتنا بلند ہوگا
اُتر کے گھوڑے سے جس کو مقصدؔ، گدھے پہ چڑھنا پسند ہوگا[1]

صحیح ہے اس قول میں کوئی شک تو اپنے ہی رہبروں کو دیکھو
بڑھے گا اتنا ہی پیٹ اس کا، جو جس قدر دردمند ہوگا

کسی کو کعبہ، کسی کو کاشی پہونچ کے مرنے کی ہوگی حسرت
کسی کو دلّی کی راج گدّی پہ جان دینا پسند ہوگا

سنا ہے بالکل ہی وہ صفر ہیں جو حال میں منتری بنے ہیں
اگر یہ سچ ہے تو ان کے چمچوں کا اور رتبہ بلند ہوگا

کوئی تعجب کی بات ہے کیا، اگر ہیں کرسی کی دھن میں نیتا
وہی تو دنیا کرے گی دھندا جو غالباً سودمند ہوگا

---

[1] یوپی وزارت میں ہوئے ایک دلچسپ واقعہ کی طرف اشارہ

نہ ہو کے پیدا ذلیل ہو گا گھروں میں اب شیخ و برہمن کے
جنم کہیں اور لے گا بچّہ ذرا بھی جو ہوش مند ہو گا

اب آئی اے ایس، اور آئی پی ایس کے خواب تم ان کو مت دکھاؤ
کلرک بھی اب وہی بنے گا بہت جو اقبال مند ہو گا

بنائے سرکار کوئی قانون، کوئی آرڈر نکالے مقصدؔ
مگر یہ جنتا وہی کرے گی جو کام اس کو پسند ہو گا

یہ قسمت کا کھیل کہوں میں یا لَو میرج کی سوغات
تب ہوتی تھی آنکھ مچولی اب ہوتی ہے جوتا لات

اب سنتے ہیں ٹیکس لگے گا تین سے زائد بچّوں پر
نس بندی کروا لینے دو مُنّے کی ماں مانو بات

چیزوں کی قیمت بڑھتی جاتی ہے دیکھو روز بروز
ویسے ہی اس مہنگائی میں کیا کچھ کم تھے اِخراجات

اب بچّوں کی پیدائش پر لعنت بھیجی جائے گی
کوئی مبارکباد نہ دے گا، کوئی نہ لائے گا سوغات

جن کے گھر اولاد نہ ہو گی اُن کی طوطی بولے گی
سرکاری خرچے پر ہوں گی ان کی اَنتم تقریبات

جو آجنم کنوارے ہوں گے پدم شری کہلائیں گے
تاریخوں میں لکھی جائیں گی ان کی قومی خدمات

ایک اک قسط میں نُو نُو بچّے !! دیکھو قدرت کا اندھیر
ڈویا مین کی منظوری ہے، باقی کیا ہوں چھ یا سات؟[1]

تیزی سے مٹتی جاتی ہے لڑکا لڑکی کی پہچان
کیا جنسی یکجہتی پر بھی ہوتی ہیں کچھ تقریبات

ڈپلوما، ڈگری کا چکّر چھوڑو سروس چاہو تو
پکڑو پاؤں کسی نیتا کا آرڈر لاؤ ہاتھ کے ہاتھ

---

[1] ایک ریڈیو نیوز

رکھ بھی لو چپ چاپ سے جو، اس سودے میں ٹوٹا کیا
پیسہ نمبر دُو کا ہے تو مال کھرا اور کھوٹا کیا

لڑکی پیسے والی تو ہے، لڑکے والو شکر کرو
سیرت اچھی اور بری کیا، قد لمبا اور چھوٹا کیا

چوری اور ٹھگی ہی کرنی ہے تو کھدّر پوش بنو
کاٹو تو پھر جم کر کاٹو دھندا چھوٹا موٹا کیا

دیسی اور بدیسی کا ہی فرق ہے ورنہ نیتاؤ
تم نے ہمیں انگریزوں سے کم لوٹا اور کھسوٹا کیا

آج کہاں سے آئی وہسکی روز تو ٹھرّا پیتے تھے
قسمت سے پھر ٹکرایا ہے کوئی اسامی موٹا کیا

آخر کب تک ہم اپنی آشاؤں کی آہوتی دیں
ظالم نے لے رکھا ہے جھوٹے وعدوں کا کوٹا کیا

آبِ زمزم بھی پانی ہے، گنگا جل بھی پانی ہے
مقصدؔ پیتل کی لٹیا کیا اور سِلور کا لوٹا کیا

ے قربانی

شعر کہنے کی تمنّا اب ہمارے دل میں ہے
ہے ردیف الجھن میں اب اور قافیہ مشکل میں ہے

"اِک پولیس والا ڈکیتی ڈالتے پکڑا گیا"[۱]
مرحبا یارو مسیحا بھی صفِ قاتل میں ہے

پھنس گیا ہو جیسے ہر تجن پنڈتوں کے بھوج میں
کچھ یہی عالم ہمارا آپ کی محفل میں ہے

کل ہی دھکّے مار کر سب نے نکالا تھا جسے
آج پھر مسند نشیں وہ آپ کی محفل میں ہے[۲]

آپ اپنے عارض ولب کی اَمانت جانیے
خون تھوڑا یا بہت جو بھی ہمارے دل میں ہے

---

[۱] اخبار کی ایک خبر　[۲] ایک سیاسی واقعہ کی طرف اشارہ

"اُن کو ہر مادّی طاقت کو خدا کہنا ہے"[1]
اُن کے معیارِ پرستش کا بھی کیا کہنا ہے

جان لیوا ہیں یہ آدابِ محبت یارو
دشمنِ جاں کو ہمیں جانِ وفا کہنا ہے

کیسے ہیں کیسے نہیں آپ۔ سبھی جانتے ہیں
آپ کے بارے میں کیا ہم کو بھلا کہنا ہے

آپ کہنے کو تو کہتے ہیں کہ کہئے لیکن
آپ سنتے بھی ہیں کچھ آپ سے کیا کہنا ہے

تمھیں ہم کو ہی بہر طور سزا دینی ہے
تمھیں ہم کو ہی بہر حال بُرا کہنا ہے

---

[1] میکش بدایونی صاحب کا مصرع

رہرو راہِ طلب، منزلِ مقصد معلوم
راہ زن ہی کو اگر راہ نما کہنا ہے

ہائے اس کشتۂ حالات کی قسمت مقصدؔ
دستِ قاتل کو جسے دستِ شفا کہنا ہے

آپ ہیں معترفِ عظمتِ اکبر مقصدؔ
لیکن اس رنگ میں خود آپ کا کیا کہنا ہے

کوئی مکیش سا ان میں کوئی لتا سی لگے
یہ بزمِ شعر تو سنگیت کی سبھا سی لگے

کوئی کوئی تو ہے اپنے وجود پر نازاں
کسی کسی کو یہ ماں باپ کی خطا سی لگے

اُسی کو دن میں اگر دیکھ لو تو ڈر جاؤ
اُسی کو رات میں دیکھو تو مہ لقا سی لگے

بڑے بڑوں کو نچائے ہے ناچ ٹکنی کا
جو دیکھنے میں ہمیں آپ کو ذرا سی لگے

وہ جب سے مستِ مئے اقتدار ہیں ان کی
ہر ایک بات حماقت کی انتہا سی لگے

یہ کہہ کے کھول دیا اس نے دوستی کا بھرم
کہ ہم کو آپ کی صورت کچھ آشنا سی لگے

ہمیں نصیب ہے وہ دورِ زندگی جس میں
دُعائے عمر درازی بھی بد دُعا سی لگے

جو اس کا چھوڑے ہے دامن نہ اب نہ تب مقصدؔ
حیا بھی اس کی بڑی مجھ کو بے حیا سی لگے

محفل میں آ کے حضرتِ واعظ جو ڈٹ گئے
مردم شناس جتنے تھے چپکے سے ہٹ گئے

واللہ کارسازیِ رشوت تو دیکھئے
جو رُک رہے تھے کام بخوبی نمٹ گئے

رِندوں میں اقتدار کی خاطر ہوئی وہ جنگ
ساغر، صراحی، جام، سبُو سب اُلٹ گئے

رندوں کی کیبنٹ میں کہاں تم جنابِ شیخ
کیا تم بھی دَل بَدل کے جماعت سے ہٹ گئے

مقصد پیو ضرور مگر اس طرح نہیں
جیسے میاں مجاز نے پی اور اُلٹ گئے

اکارت تاؤ میں خود آکے یہ جنسِ گراں کردی،
وہ مجھ سے ہنس کے بولے جان دو گے؛ میں نے ہاں کردی

کوئی نیتا ہوں میں جو اپنے وعدے سے مکر جاؤں
جو ناکردی تو ناکردی[1]، جو ہاں کردی تو ہاں کردی

متاعِ جسم وجاں ارزاں بھی کی تو نے تو کیا حاصل
ضرورت کی تو جتنی چیز تھی وہ سب گراں کردی

الکشن ہی کے لڑنے سے تجھے فرصت نہیں ملتی
ترے وعدوں پہ ہم نے عمر اپنی رائگاں کردی

لگائی اپنی کرسی جس طرف آئی تھی فصلِ گل
جدھر گرنی تھی بجلی، میری شاخِ آشیاں کردی

---

[1] ضرورتِ شعری کی بنا پر۔

تری ایجاد پر یارب زمانہ محوِ حیرت ہے
یہ کیسی نسل پیدا مرد و زن کے درمیاں کر دی

علالت کی خبر دی ریڈیو نے اور نہ مرنے کی،
بہت چپکے سے مقصدؔ آپ نے تسلیمِ جاں کر دی

بیوی سے یہ بیزار وہ بچوں سے خفا ہے
مہنگائی نے رشتوں کا بھرم توڑ دیا ہے

سنجیدہ ہے ہر شخص گرانی کے اثر سے
دیوانگی مجنوں میں نہ لیلیٰ میں ادا ہے

مارے گئے بزدوش، ستائے گئے ہریجن
اُن کو ہے تسلّی کہ یہ پہلے بھی ہوا ہے

اُردُو پہ یہ اک اہلِ بصیرت کی ہے تحقیق
منگولوں و ترکوں نے اسے جنم دیا ہے[1]

اب اُن کی حماقت ہے اس اسٹیج پہ مقصدؔ
سب جس کے لئے کہتے ہیں یہ وقتِ دعا ہے

---

[1] ایک انتہائی ذمہ دار سیاسی شخصیت کا بیان، جو اب مرحوم ہو چکے ہیں۔

گلستاں میں ہے نہ ویرانے میں ہے
آج کل مجنوں کا گھر تھانے میں ہے

مرحبا اے ساقئ جمہور باش[1]
سب کی صہبا، سب کے پیمانے میں ہے

نسلِ تازہ پر کروں کیا تبصرہ
جو زنانے میں نہ مردانے میں ہے

کل ہی فرمایا تھا دعویٰ عشق کا
آج بیچارہ شفا خانے میں ہے

---

[1] مراد ایک رہبرِ قوم سے ہے۔

مختلف بوتل ، جدا لیبل سہی
ایک ہی مے سب کے پیمانے میں ہے

یہ کسی شاعر کے دل سے پوچھیے
کیا مزا اِک شعر ہو جانے میں ہے

چھوڑیے مقصدؔ غزل گوئی کہ اب
ساری استادی غزل گانے میں ہے

نغمہ ہے بے مثال غزل سن رہے ہیں لوگ
پڑھنے کا ہے کمال غزل سن رہے ہیں لوگ

محفِل ہے مست اس کے ترنم کے فیض سے
شاعر کا ہے خیال غزل سن رہے ہیں لوگ

سمجھیں بھی لوگ ایسی کوئی شرط تو نہیں
سننے کا ہے سوال غزل سن رہے ہیں لوگ

سننے میں سب ہیں مست سمجھنے کا کس کو ہوش
محفِل ہے محوِ حال غزل سن رہے ہیں لوگ

مشہور ہیں وہ پختہ کلامی میں، کِس کو ہے
تنقید کی مجال، غزل سن رہے ہیں لوگ

کچھ شخصیت نے کام کیا کچھ اداؤں نے
دم مارنا محال، غزل سن رہے ہیں لوگ

آئے ہیں لوگ وقت گزاری کے واسطے
شاعر کا ہے خیال غزل سن رہے ہیں لوگ

مقصدؔ تمھیں عوام کا کچھ بھی نہیں خیال
یہ کیا کہ سُر نہ تال، غزل سن رہے ہیں لوگ

نہیں ہے آپ کو پینا نہ پیجئے واعظ
ہمارے حال پہ تو رحم کیجئے واعظ

ثواب میرے گناہوں سے لیجئے واعظ
دعائے خیر مرے حق میں کیجئے واعظ

رہیں گی خلد میں حوریں بھی آپ کے ہمراہ
یہ کیسے ہوگا ذرا غور کیجئے واعظ

اب ایک عمر میں آیا ہے کچھ شعورِ گناہ
میں اور توبہ کروں، توبہ کیجئے واعظ

بُرے ہیں اور بھی اچھے سلوک کے حقدار
بُروں کی آپ برائی نہ کیجئے واعظ

اگرچہ آپ سے مقصدؔ نے کھا تو لی ہے قسم
زیادہ اس پہ بھروسا نہ کیجئے واعظ

نا کام امیدیں ہیں یوں دل کے خرابے میں
ٹوٹے ہوئے فرنیچر سیلے ہوئے کمرے میں

دیکھا ہے تجھے میں نے اے حسرتِ دل اکثر
جلتے ہوئے سگریٹ کے پھینکے ہوئے ٹکڑے میں

یہ شہر تو مسکن ہیں خونخوار درندوں کے
انسان تو بستے ہیں خوابوں کے جزیرے میں

ہر سمت اُجالوں کا گھنگھور اندھیرا تھا
ہم جب بھی اندھیرے سے آئے ہیں اُجالے میں

جب ڈھونڈنے بیٹھے تو کیا کچھ نہ ملا مقصدؔ
بکھرے ہوئے لمحوں کے نایاب ذخیرے میں

بیڑی جلا کے آتشِ رخسارِ یار سے
محظوظ ہو رہا ہوں غمِ روزگار سے

دیکھے ہے جب بھی میری طرف کوئی پیار سے
ٹپکے ہے رال سی دہنِ نابکار سے

یوں اُٹھ کے جا رہے ہیں شب انتظار سے
جیسے ابھی ابھی ہم اٹھے ہوں بخار سے

ہر زخمِ دل گلاب کی مانند کھل اُٹھا
اب کیا کچھ اور چاہیئے فصلِ بہار سے

بن کر وہ کیوں ہے جزوِ رہِ یار محترم
جو خاک اُڑ کے آئی عدو کے دیار سے

جاتی ہے روز غیر کی گلیوں میں کس لئے
پوچھا کبھی کسی نے نسیم بہار سے

تزئینِ گل میں گریۂ شبنم کا ہاتھ ہے
خوشیوں کی آبرو ہے غموں کے نکھار سے

تاثیرِ گل بھی وقت کے ہاتھوں بدل گئی
شعلے سے اب لپکتے ہیں رخسارِ یار سے

ہیں دیکھنے کی اور بھی چیزیں جہان میں
دیکھو نکل کے حلقۂ گیسوئے یار سے

اِستادہ مثلِ تیر جو رہتی تھی وہ کمر
آخر کمان ہوگئی شادی کے بار سے

آنکھیں نہ دیکھ پائیں تو آنکھوں کا کیا قصور
منظر دھواں دھواں سا ہے دل کے غبار سے

لالہ کے دل میں داغ ہے لیکن برائے نام
اُس کی مثال دو نہ دلِ داغدار سے

سوہانِ روح ہوتے ہیں اس کے ری ایکشن[1]
دشمن کو بھی بچائے خدا وصلِ یار سے

جیتے گی بالیقین مری چشمِ اشک بار
کشتی کرادی جائے جو ابرِ بہار سے

حجام کی دُکان پہ ہم کو پڑا مِلا
وہ دل جو باندھ آئے تھے گیسوئے یار سے

مقصدؔ کوئی اب اور ہی دھندا کریں شروع
لگتا ہے اب نہ کام چلے گا اُدھار سے

1۔ ردِ عمل

"تیرے آگے چاند پُرانا لگتا ہے" [1]
چندا ماما چندا نانا لگتا ہے

بچ کر رہنا ترچھی نظروں والے سے
اِس کو تاکے اُس پہ نشانہ لگتا ہے

چٹکی بجاتے دل کا اُڑانا کھیل نہیں
تو تو کھلاڑی کوئی پرانا لگتا ہے۔

تیرا بدن کیا شہد میں ڈوبا رہتا ہے
تیرے ہی پیچھے کیوں یہ زمانہ لگتا ہے

مجھ کو تنہا چھوڑ کے میری جان نہ جا
تیرا جانا موت کا آنا لگتا ہے

---

[1] کیف بھوپالی صاحب کا مصرع

بانجھ نہ جانے پیر پرائی والی بات
تم کو مرا احوال[1] فسانہ لگتا ہے

مقصد تنہا آپ سے اس کا میل نہیں
غیر سے بھی خاصا یارانہ لگتا ہے

[1] اُردو میں واحد کے صیغہ میں بھی مستعمل ہے۔

تہمتیں ، ذلّتیں ہم گوارا کریں
آرتی[1] پھر بھی ان کی اُتارا کریں

ہم پریشاں رہیں مارے مارے پھریں
اور وہ گھر بیٹھے زلفیں سنوارا کریں

غیر کو آپ بوسہ دیں ، ہم کو نہ دیں
ہم یہ تو ہین کیسے گوارا کریں

ہم تو سُولی پہ چڑھنے کو تیار ہیں
وہ بھی تکلیف تھوڑی گوارا کریں

---

[1] ہندو مذہب میں پوجا کا ایک طریقہ

ڈھیٹ ہیں وہ نہ مانیں گے، لاکھ آپ انھیں
دانت پیسا کریں، آنکھ مارا کریں

گُل بھی ناراض گُل چیں بھی ہم سے خفا
کس طرح اب چمن میں گزارا کریں

وہ بھی دن آئے مقصدؔ دعا کیجئے
ہم انھیں اور وہ ہم کو گوارا کریں

عمر بھر مکھیہ دھارا میں بہتے رہے
تم مگر غیر ہی ہم کو کہتے رہے

تم نہ خوش ہو سکے، ہم تمھارے لئے
دکھ اُٹھاتے رہے ظلم سہتے رہے

دل سے ہر وقت آہیں نکلتی رہیں
آنکھ سے ہر گھڑی اشک بہتے رہے

تنگ دل، سنگ دل، کج ادا، بے وفا
جانے کیا کیا تمھیں لوگ کہتے رہے

تم نے لیکن کسی کی نہ مانی کبھی
اپنی کرتے رہے اپنی کہتے رہے

مقصد اب ضبط کی انتہا ہوگئی
ہم ابھی تک تو خاموش رہتے رہے

ہولے ہولے وہ دل میں اُترتے گئے
دھیرے دھیرے ہمیں شُدھ کرتے گئے

اَچھے لگنے لگے وہ تو لگتے رہے
اُن پہ مرنے لگے ہم تو مرتے گئے

وہ بجاتے گئے ڈگڈگی اور ہم
رقص اُن کے اشاروں پہ کرتے گئے

دل پہ جو زخم کھائے تھے سب بھول کر
بیعت اُن کے ہی ہاتھوں پہ کرتے گئے

یوں پھنسے ہم کہ پھنستے گئے جال میں
وقت کٹتا گیا دن گزرتے گئے

مندمل ہو چلے گھاؤ سب خود بہ خود
رفتہ رفتہ سبھی زخم بھرتے گئے

زہر خاموش رگ رگ میں اُترا کیا
اور ہم آہستہ آہستہ مرتے گئے

وہ کہ ہوتے گئے خود اَجَر اور اَمَر
ہم کو مرحوم و مغفور کرتے گئے

ایک ماحول تھا، ایک تہذیب تھی
جس میں ہم ٹوٹتے اور بکھرتے گئے

مقصد اپنی تو تصویر مٹتی گئی
ذہن میں نقش اُن کے اُبھرتے گئے

گرانی اور محبّت

اُدھر لیلیٰ کو ٹی۔ بی ہوگئی روٹی نہ ملنے سے
اِدھر مجنوں "قریب الچُپّ دائم"[1] ہوتا جاتا ہے
گرانی کا یہ عبرت ناک منظر دیکھ کر مقصدؔ
محبّت کا بھی دھندا پارٹ ٹائم ہوتا جاتا ہے

سُورس فل عاشق

رپٹ اک سورس فل عاشق نے تھانے میں لکھائی تھی
کہ اس کا دل کسی اُلھڑ حسینہ نے چُرایا تھا
خبر کپتان کو پہونچی جب اس بوگس مقدمے کی
تو مت پوچھو کہ وہ غصّہ میں کتنا تلملایا تھا
مگر چپ رہ گیا منشی نے جب اپنی صفائی دی
کہ حلقہ کا وہ دھایک تدعی کو لے کے آیا تھا

---

[1] میری اختراع کردہ ترکیب

رُومانس

اک فیشن ایبل گرل سے رومانس چلا ہے
اللہ بچائے جو نہ پاکٹ پہ گزر جائے
دُو چار چھ دن بچ کے نکل جائیں گے لیکن
ممکن تو نہیں عمر کریڈٹ[1] پہ گزر جائے

خدشات

تڑپائے ہے اک نقطہ لبِ لعل فشاں کا
کم بخت عجب چیز ہے یہ خواہشِ دل بھی
فیشن سے یہ خطرہ ہے کہ ہنگامِ ملاقات
بہہ جائے نہ سرخی بھی، نکل جائے نہ تل بھی

---

[1] اعتبار۔ اُدھار

لیکن

یہ حور شمائل وہ پری چہرہ ہے مقصدؔ
تعریف کے اس جملہ میں لیکن کی کمی ہے
آئی ہے نئے دور کی نسلوں پہ تباہی
فیشن کے مربّے میں وٹامن کی کمی ہے

ترمیمِ اصناف

کچھ فرق نہیں پڑتا اَغلاطِ تلفظ سے
"ممتاج محل" کہیئے یا "تاز محل" کہیئے
اَصنافِ سخن میں بس ترمیم یہ کرنی ہے
چوپائی رباعی کو، دوہے کو غزل کہیئے

ترنّم

پڑھو شوق سے وَزْن کو تم وَزَن
کہ آتا ہے تم کو ترنّم کا فن
لتاڑں، مکیشوں کا یہ اجتماع،
دودھ بھارتی ہے کہ بزمِ سخن

آدابِ محفل

سخن فہمی پہ لعنت بھیجئے اپنی میاں مقصدؔ
یہ ہے بزمِ ادب کچھ تو خیال اس کا ذرا کیجئے
کلام آئے سمجھ میں یا نہیں، ان کے ترنّم پر
جزاک اللہ کہئے سر کو دُھنیے واہ وا کیجئے

ذیابیطس

یہ نوبت آگئی فکرِ مداوا کی حماقت میں
کہ میرے چارہ گر میرے خلاف آئے شہادت میں
بلا پرمٹ شکر رکھنے کا مجھ پر جرم ثابت ہے
یہ نسخہ ہے یہ قارورے کی بوتل ہے عدالت میں

فیشن

صورت سے نگیٹو ہیں مگر ٹکٹی کلر ہیں
قدرت سے رقابت نئے فیشن کی چلی ہے
ہیں حسنِ خدا داد سے محروم تو کیا غم
اور[1] یجنلٹی سے امٹیشن[2] کی چلی ہے

---

[1] اصلیت [2] نقالی

وضعداری

مہنگائی میں پٹا ہے دِوالہ جناب کا
لیکن یہ بات ہے کہ بہت وضعدار ہیں
فیشن میں کچھ کمی نہیں مالک کا شکر ہے
رہتے ہیں ٹیپ ٹاپ سے کھاتے ادھار ہیں

تجارت / دیش بھگتی

یہ کھدّر کی دھوتی یہ کھدّر کا کُرتا
مقدّر کی دھوتی، مقدّر کا کُرتا
تجارت بھی ہے دیش بھگتی بھی مقصدؔ
یہ گاندھی کی دھوتی جواہر کا کُرتا

اِزالۂ غربت

مِلایا ہاتھ یوں قدرت نے اُن کے دستِ حکمت سے
غریبوں ہی کے سر آئی مصیبت اُن کی قسمت سے
مَرے جاتے ہیں بھوکے اور ننگے خود بخود مقصدؔ
کہیں بارش کی قلّت سے کہیں سردی کی کثرت سے
غریبی دُور کرنے کی وہ ناحق فکر کرتے ہیں
غریبی دُور ہو جائے گی اپنے آپ بھارت سے

اردو کے مُحسن

بہت آرزو سے ہمدردی ہے اُن کو کہہ رہے تھے وہ
مٹانا اس کا مشکل ہے یہی تو کہہ رہے تھے وہ
نہ ہو جو کام ناممکن اسے مشکل ہی کہتے ہیں
وہی تو کر رہے ہیں آج کل جو کہہ رہے تھے وہ

ؔ ایک نیتاجی نے اپنی تقریر میں اردو کو ایک اچھی اور خوبصورت زبان بتاتے ہوئے فرمایا کہ "اس کا مٹانا بہت مشکل ہے" اسی سے متاثر ہو کر۔

اُرْدُو کے غمخوار

مگرمچھ بھی ہوئے جاتے ہیں مقصدؔ شرم سے پانی
حریفوں نے وہ غم خواری کا اسٹائل نکالا ہے
یہ اردو کے بہی خواہان دجّالوں کی پیدائش
ہیں آثارِ قیامت یا الکشن ہونے والا ہے

مصلحت در مصلحت

برائے مصلحت ہم بھی حماقت پر ہیں آمادہ
برائے مصلحت خود بھی حماقت کر رہے ہیں وہ
الف کو جو سمجھتے ہیں علامت ختم جملہ کی
خدا کی شان محفل کی صدارت کر رہے ہیں وہ

ؔ: پورن وِرام

نمائندگی

اپنا تو کسی کو نظر آتا نہیں کردار
الزام تراشی کا ہے ہر شخص کو آزار
اک تم ہو فقط دودھ کے دھوئے ہوئے ورنہ
افسر سبھی راشی ہیں منسٹر سبھی بدکار
سرکار کو کہتے ہو بُرا، کیوں نہ بُری ہو؟
آخر تو تمھاری ہی نمائندہ ہے سرکار

سائنسی دور

اس دور میں ہر چیز بہت سسٹمیٹک ہے
ہر بات بہت ٹھوس، بڑی سائنٹفک ہے
بھرتا نہیں کیوں زخم ترے تیر نظر کا
لگتا ہے کہ عاشق ترا کچھ ڈائیبٹک ہے

مشاعرہ کا آرٹ

اسٹیج پر کلام سُنانا بھی سیکھئے
پبلک ہو جب خفا تو منانا بھی سیکھئے
قبل از ردیف و قافیہ سرگم ملائیے
ہے شاعری کا شوق تو گانا بھی سیکھئے

جیب کترے کی فریاد

جیبوں پہ ڈال دی ہیں گرانی نے سلوٹیں
ہر ڈھول میں ہے پول کسی سے بھی ہم سٹیں
اتنی رقم نہ ہوگی کسی جیب میں کہ ہم
کاٹیں اسے تو چین سے دو چار دن کٹیں

دفعہ ۱۰۹ ضابطہ فوجداری

طوافِ کوئے جاناں کر رہے تھے نصف شب میں ہم
نہ جانے کس نے تھانے میں پہونچ کر مخبری کر دی
ادھر سیٹی بجائی ہم نے اس بُت کے بلانے کو
اُدھر لے کے ہنٹر آ گئے جلّاد باوردی

صلائے عام

میری دُعا میں آپ بھی شامل ہونا چاہیں ہو جائیں
میری دعا ہے وہ دن آئیں اور بہت جلدی آئیں
غنچہ و گل جب گھاس نہ ڈالیں گلچینوں کو گلشن میں
صیّادوں کو خود ہی عنادل صحن چمن میں دوڑائیں
تنکوں کی آنکھوں میں شعلے دیکھ کے کانپے برقِ تپاں
ذرّوں کی یلغار سے جس دن کوہ و بیاباں تھرائیں
میری دعا ہے وہ دن آئیں اور بہت جلدی آئیں
میری دعا میں آپ بھی شامل ہونا چاہیں ہو جائیں

نمونۂ عمل

بگلا بھگت کی طرح سدا جاپ کیجئے
یعنی کبھی نہ کھل کے کوئی پاپ کیجئے
ہر منتری یہاں پہ نمونہ عمل کا ہے
اس بات کا کہ اپنی مدد آپ کیجئے

مشورہ

سب پاپ پُن کیجئے جنتا کے نام پر
یہ مشورہ کسی کا یقیناً صحیح ہے
رشوت کو دستِ غیب بھی کہہ سکتے ہیں مگر
پبلک الاؤنس کہئے تو اُس سے فصیح ہے

شاعر

بندہ نواز عوز تو فرمایئے ذرا
کچھ ہو سکے تو آپ ہی سمجھایئے ذرا
ہم لاکھ کہہ رہے ہیں کہ فرصت نہیں ہمیں
یہ ہیں مُصِر کہ شعر سُنے جایئے ذرا

جواب

اک "خوش گلو" نے مجھ سے کہا " کیا نہ بچے اگر
انساں سے وصفِ مہر و وفا تم نکال دو"
میں نے کہا جواب تو دابے پڑے ہو خود،
اپنی غزل سے اپنا ترنم نکال دو۔

ترغیبِ عمل

اِسی میں ہے مضمر ترقی کا راز
نہ کچھ اس میں لیت و لعل تم کرو
سبھی رہنماؤں کی تاکید ہے
کہ "ہم کہہ رہے ہیں عمل تم کرو"

طولِ عمر[1]

اگر یہ ہوس ہے جیئے جایئے
تو ضائع نہ کیجئے پیئے جایئے
خدا آپ کو دے ہماری بھی عمر
ہمارا بھی حصّہ لئے جایئے

---

[1] ایک مقتدر ہستی کے پسندیدہ مشروب کی شان میں۔

گھراؤ:

سریع الفہمی و بیداریٔ پبلک کا کیا کہنا
ہنسی آتی ہے جب وہ واقعہ ہم یاد کرتے ہیں
شکر آنے کی بیماری میں جنتا ہم کو گھیرے تھی
کہ ہم پاتے نہیں کھانے کو یہ برباد کرتے ہیں

ہڑتال

آدرش اہنسا کا نہ پامال کریں گے
گاندھی جی کی تقلید بہرحال کریں گے
گھسیانے کی جنتا نے یہ اعلان کیا ہے
بھڑکے گی اگر بھینس تو ہڑتال کریں گے

ؔ میری اختراع کردہ ترکیبیں

آپ ھیں مُعترفِ عظمتِ اکبر مقصدؔ
لیکن اِس رنگ میں خود آپ کا کیا کہنا ھے

شعلۂ گل

ظریفانہ و طنزیہ کلام کا مجموعہ

مقصد الہ آبادی

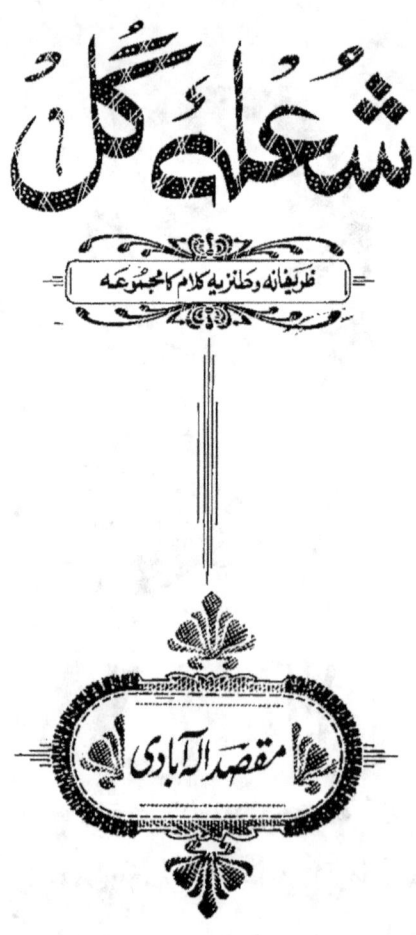